I0089158

ALFRED THOMEREAU

Petit Manuel

de

Philosophie pratique

FAC ET SPERA

PARIS

ALPHONSE LEMERRE, ÉDITEUR

23-31, PASSAGE CHOISEUL, 23-31

M DCCCCIII

Petit Manuel

de

Philosophie pratique

ALFRED THOMEREAU

Petit Manuel

de

hilosophie pratique

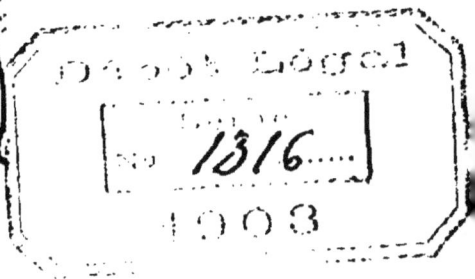

FAC ET SPERA

PARIS

ALPHONSE LEMERRE, ÉDITEUR

23-31, PASSAGE CHOISEUL, 23-31

M DCCCCIII

AVANT-PROPOS

« La vérité est un dépôt comme la
richesse. Nous n'en sommes, pour ainsi
dire, que les trésoriers; nous ne l'amassons
que pour la répandre. »

JULES SIMON.

A plupart des observations et des maximes dont se compose cet opuscule peuvent, si je ne me trompe, être de quelque utilité à un certain nombre de lecteurs, et justifier, dès lors, le titre sous lequel il se présente.

On a beau se dire que nos semblables profitent rarement de l'expérience d'autrui et que souvent même ils oublient les leçons de leur propre expérience; on ne peut pourtant pas se défendre de jeter parfois la sienne au hasard du vent, comme une semence, avec l'espoir que tous les grains ne seront pas perdus.

« Je suis homme, disait Térence, et rien de ce qui est humain ne me paraît étranger. »

Quiconque partage ce noble sentiment ouvre, en dépit de Fontenelle, la main toute grande, ne s'y trouvât-il que quelques parcelles de vérité.

La Pensée

I

LA PENSÉE

I

Le moraliste n'a pas à chercher des idées nouvelles : tout l'essentiel a été dit depuis longtemps ; mais c'est par la forme dont on la revêt que la pensée frappe l'attention, pénètre dans l'esprit et demeure dans la mémoire. Or, les formes peuvent et doivent se renouveler et varier à l'infini pour atteindre l'infinie variété des hommes.

2

Penser est bien ; faire penser est mieux.

3

Si une « pensée » de trois lignes ne vous laisse pas l'impression qu'on pourrait lui consacrer au moins un chapitre, elle est sans valeur.

4

Avec un peu de charbon la Nature fait un diamant ; une pensée morale rendue solide et brillante vaut mieux qu'une pierre précieuse, étant plus utile.

5

Une idée fausse, jetée dans la circulation, y cause des désordres comparables à ceux d'un caillou dans les rouages d'une machine.

6

Un livre mal pensé peut vivre, en dépit et souvent même à la faveur des idées fausses qu'il renferme, tandis qu'un ouvrage mal écrit est voué à l'oubli, fût-il rempli d'idées justes*.

C'est, d'ailleurs, la banalité du style, plus encore que l'incorrection ou l'obscurité, qui fait qu'un livre est mal écrit.

---

* Cette pensée est magistralement développée par Buffon dans son discours de réception à l'Académie française.

7

L'idée ne fait son chemin dans le monde que revêtue d'un habit taillé sur mesure.

La Logique

II

LA LOGIQUE

I

On ne se contredit pas nécessairement en énonçant deux propositions contradictoires : il suffit que le point de vue soit changé; mais il faut alors s'en expliquer clairement.

2

2

On peut avoir beaucoup de raisons et n'avoir pas raison.

3

Le meilleur des chronomètres ne vous fournira jamais qu'une indication inexacte si vous n'avez pas commencé par le mettre à l'heure; de même, plus votre logique sera rigoureuse, plus elle vous éloignera de la vérité si le point de départ de votre raisonnement est faux.

4

Un esprit qui n'est pas naturellement droit ne parviendra jamais à raisonner juste.

5

Quand vous entreprenez de défendre un système ou une cause quelconque, prenez garde qu'une seule mauvaise raison, glissée parmi beaucoup de bonnes, ne suffise à détruire tout l'effet de ces dernières, — comme une goutte de vinaigre fait tourner une jatte de lait.

6

En dehors des vérités mathématiques, qui ne peuvent pas être discutées et des vérités morales, qui ne doivent pas l'être, il est prudent de ne rien affirmer ou nier sans réserves.

L'Esprit

III

L'ESPRIT

I

En politique comme en littérature, si spirituel que soit votre contradicteur, du jour où il a tourné son esprit contre vous, il a cessé d'avoir de l'esprit, et vous saisissez toutes les occasions de le lui dire — le plus spirituellement possible.

2

L'esprit est un ornement dont le génie peut se passer.

3

La plus grande joie qu'un homme d'esprit puisse procurer aux sots, c'est de commettre lui-même quelque sottise.

4

Il y a des sots dont la vanité ne désarme jamais. En voici un qui vient de gagner un gros lot à la loterie. Tout d'abord, notre homme s'écrie, comme nous pourrions le faire, vous ou moi : Quelle chance !... mais il ne tarde pas à se reprendre et il en vient assez vite à se persuader qu'il a apporté dans l'affaire je ne sais quel mérite ou quel talent personnel. Le hasard n'y est plus pour rien.

Attendez encore un peu : vous lui verrez les allures d'un triomphateur montant au Capitole.

5.

Par un heureux privilège, quand un sot est devant son miroir, il y contemple avec complaisance la figure d'un homme d'esprit.

L'Imagination

IV

L'IMAGINATION

I

L'imagination est la faculté dominante de l'homme; c'est pourquoi nos illusions sont pour nous les meilleures, sinon les plus solides des réalités.

2

Le pouvoir de l'imagination ne saurait être mieux démontré que par le bonheur de l'avare, dont la passion se nourrit de privations.

3

Le génie, c'est l'imagination à la plus haute puissance : c'est alors une inspiration d'essence apparemment divine.

Malgré le mot célèbre de Bacon*, la patience la plus longue ne saurait, à elle seule, donner naissance au génie, mais elle lui est nécessaire pour l'accomplissement de ses œuvres les plus durables.

* « Le génie n'est qu'une longue patience. »

4

Pour n'avoir pas sa place marquée dans les livres de médecine, la *maladie imaginaire* n'est pas moins une *maladie réelle,* puisqu'il y a souffrance dans les deux cas.

On sait, d'autre part, quel rôle prépondérant, décisif, l'imagination peut jouer pour la guérison des maladies les plus réelles.

5

Combien de gens succombent à des chagrins fictifs, après avoir courageusement supporté beaucoup de chagrins véritables !

6

O Poésie, fille de l'Illusion et mère de
la Beauté !

7

La légende, c'est l'histoire interprétée
— et transfigurée — par l'imagination
populaire.

L'Homme

V

L'HOMME

I

Pascal a dit avec raison : « L'homme n'est ni ange ni bête... » Peut-être pourrait-on dire plus justement encore qu'il est tantôt l'un, tantôt l'autre.

2

On a donné de l'homme cette définition : « Une intelligence servie par des
organes. » Oui, mais, hélas! servie comme
on l'est par de mauvais domestiques, qui
deviennent plus maîtres que leurs maîtres.

Nous sommes prisonniers de la matière. Il faudrait dire : une intelligence
servie... et desservie par des organes *.

3

Se connaître soi-même, c'est encore le
meilleur, ou plutôt le seul moyen de
connaître les autres.

---

* « Les chrétiens sont presque d'accord avec les plato-
niciens pour reconnaître que l'âme est enfoncée dans les
liens du corps et que l'épaisseur de la matière l'empêche de
voir la vérité et d'en jouir. » ERASME, *Éloge de la Folie*,
trad. V. Develay, 1876, p. 230.

4

Un philosophe étudie l'espèce humaine et, en présence de certaines œuvres, il s'écrie : Que l'homme est grand ! Un autre observateur, regardant d'autre côté, soupire : Que l'homme est petit !

C'est bien le même homme et tous deux l'ont vu comme il est en effet.

5

La plupart des hommes manquent d'impartialité, sans réfléchir qu'ils manquent de justice.

Gœthe a dit : « Je puis promettre d'être sincère, mais non d'être impartial*. »

* *Pensées*, trad. Jacques Porchat, Hachette, éd., 1871, I, p. 424.

6

On prend souvent pour de la mauvaise foi une erreur de jugement où la conscience n'a point de part.

7

Le simple bon sens est un guide plus sûr, une lumière plus claire que tous les systèmes des philosophes.

La Vie humaine

VI

LA VIE HUMAINE

I

La mystérieuse, l'incompréhensible Nature est, à la fois, la meilleure des mères et la plus impitoyable des marâtres.

2

Parmi les vieilles légendes mythologiques, l'une des plus expressives est celle de Tantale : Tantale, c'est l'Humanité elle-même, altérée d'idéal, affamée de bonheur, et jamais rassasiée.

3

La vie humaine est un verger rempli de beaux fruits; malheureusement, il y a peu de ces fruits dont le cœur ne soit pas rongé par un ver.

4

Heureux celui qui a trouvé un beau nom dans son berceau : plus heureux cent fois celui qui a illustré un nom obscur.

5

Nos joies sont en verre, nos chagrins sont en fer.

6

« Quand mes amis sont borgnes, disait Joubert, je les regarde de profil. »

Puisque la vie a aussi deux aspects bien différents, traitons-la plutôt en amie : regardons-la, autant que possible, du côté où elle nous sourit.

7

Tâchez de modérer, d'un côté, vos craintes et, de l'autre, vos espérances. Rappelez-vous que les choses ne finissent presque jamais aussi bien que nous l'espérions ni aussi mal que nous le craignions.

8

Assurément « tout n'est pas rose dans la vie »; cependant, c'est une accusation injuste qu'a formulée contre elle ce pince-sans-rire de Schopenhauer lorsqu'il a dit : « Nous sentons le point léger où le soulier nous blesse, nous ne remarquons pas la santé générale de notre corps. — Le bien-être et le bonheur sont donc tout négatifs, la douleur seule est positive. »

S'il en est ainsi, à qui la faute*?

* On sait à quel point Schopenhauer a poussé au noir le tableau de la vie humaine. Heureusement, le grand-prêtre du pessimisme rachète l'outrance de ses désolantes théories par la conclusion humaine et pratique qu'il en tire : Les hommes, dit-il, « sont des compagnons de misères et cette expression nous rappelle à la nécessité de la tolérance, de la patience, à l'indulgence, à l'amour du prochain, dont nul ne pourrait se passer et dont par conséquent chacun est redevable. » (*Pensées, Maximes*, etc., trad. J Bourdeau, 1880, p. 46.)

9

Sans la *volonté*, la *bonne volonté* est peu de chose.

10

L'homme favorisé du sort vit vingt-cinq printemps, une quinzaine d'étés, autant d'automnes et un nombre quelconque d'hivers.

Mais, hélas! il y en a beaucoup pour qui c'est l'hiver d'un bout à l'autre de l'existence.

11

On risque moins d'être trompé par le malhonnête homme avéré, dont on doit se défier, que par l'homme de bonne foi qui commence par se tromper lui-même.

12

L'opinion publique est souvent injuste : comptez toujours avec elle, mais
ne comptez jamais sur elle.

13

L'optimisme est une force.

14

Comptez d'abord sur vous-même, sur
vous-même ensuite et, après, sur vous-
même encore.

15

La naïveté est le cynisme de l'inno-
cence ; le cynisme, la naïveté du vice.

Sagesse et Passions

VII

SAGESSE ET PASSIONS

———

1

L'homme vraiment sage ne croit pas à l'infaillibilité de sa propre sagesse.

2

La sagesse elle-même doit être modérée par la sagesse.

6

3

Le vieillard bénéficie d'une présomption favorable : avant de le connaître, on
lui suppose de la sagesse.

Malheur à lui si la présomption n'est
pas confirmée par le fait !

4

L'homme est un éternel mineur, dont
la Nature ne cesse jamais d'exciter les
passions : — elle se rit du code pénal.

5

Quand l'une ou l'autre de nos grandes
passions vient à s'éteindre, nous sommes
toujours surpris de ne trouver à la place
qu'un peu de cendre.

6

La passion n'est jamais plus dange-
reuse que lorsqu'elle nous possède à notre
insu, semblable à ces maladies insidieuses
dont on n'aperçoit les ravages que trop
tard.

De là, l'antique adage : « Connais-toi
toi-même ! »

7

N'attendez pas le suprême assaut de la
passion pour chercher à vous en rendre
maître : il serait trop tard.

8

L'homme a bien de la peine à se mettre
d'accord avec lui-même : quand il s'in-
terroge, c'est souvent la raison qui parle
et la passion qui répond.

9

La conscience est un guide infaillible — quand on veut bien l'écouter ; mais, le plus souvent, lorsqu'elle élève la voix pour nous faire entendre une vérité pénible, l'ouïe la plus fine, soudain, devient dure : phénomène tout spécial, auquel la médecine ne peut rien.

Défauts et Qualités
Vices et Vertus

VIII

DÉFAUTS ET QUALITÉS
VICES ET VERTUS

I

La vertu qui ne puise pas sa raison d'être et sa force en elle-même n'a pas droit au nom de vertu. Quel mérite y a-t-il à ne point pécher, si c'est par crainte du feu éternel?

2

Aux yeux de chacun de nous, les défauts se divisent en deux catégories bien distinctes : il y en a qui sont affreusement graves — ceux des autres, — et d'autres qui ne sont pas graves du tout — les nôtres.

3

On a dit avec raison que nos défauts sont souvent l'envers de nos qualités. Le malheur est que, souvent aussi, l'envers est le côté le plus apparent de notre étoffe.

4

Il y a des circonstances où telle qualité devient un défaut et tel défaut une qualité.

5

Chacun de nos vices est une porte ou-
verte au malheur et par où le malheur ne
manque guère d'entrer : simple vérité
d'expérience qui est, sans contredit, le
fondement le plus assuré de la morale.

6

La bonté a pour limite naturelle la
méchanceté des autres : au delà, elle est
tantôt sublime, tantôt stupide.

7

Tout en affectant de s'en prendre aux
injustices du sort, la jalousie est ordinai-
rement — pour parler comme La Roche-
foucauld — un hommage que l'incapa-
cité rend au mérite.

8

Celui qui, en faisant le bien, escompte la reconnaissance dans ce monde et le Paradis dans l'autre, est assez proche parent du prêteur à la petite semaine.

9

Sans la naïveté du plus grand nombre, l'égoïste ferait un bien mauvais calcul. Il ne consent aucun sacrifice pour les autres : si tout le monde agissait de même à son égard, il serait vite guéri.

10

Telle ingratitude à laquelle nous ne nous attendions pas est heureusement compensée par telle reconnaissance sur laquelle nous ne comptions guère... Ainsi va le monde.

11

La reconnaissance qu'on nous témoigne s'inspire autant, sinon davantage, des services qu'on attend encore de nous que de ceux que nous avons rendus.

L'ingratitude, en sens inverse, prouve simplement que l'on n'a plus confiance dans nos moyens ou dans notre bonne volonté pour l'avenir.

12

Si l'on me demandait quelle est l'espèce de gens la plus repoussante, je répondrais sans hésiter : les menteurs.

13

La franchise n'est souvent que le dernier expédient de la dissimulation aux abois.

L'Amour et l'Amitié

IX

L'AMOUR ET L'AMITIÈ

I

L'amour et l'amitié sont frère et sœur, mais ils ne sauraient habiter sous le même toit.

2

L'amour, dit-on, est aveugle — et se complaît dans son aveuglement; l'amitié se contente de fermer les yeux.

3

Nos débiteurs se dérobent souvent; nos créanciers jamais. Nos ennemis font comme ceux-ci et nos amis comme ceux-là.

4

Le prêtre, le médecin, l'avocat, sont rigoureusement obligés au secret professionnel. L'amour et l'amitié ont aussi leur secret professionnel qui, pour n'être pas inscrit dans la loi, n'en est pas moins sacré.

5

Un ménage bien uni est la plus profitable des associations; les joies y sont portées au double et les chagrins réduits de moitié.

Orgueil et Modestie

X

ORGUEIL ET MODESTIE

———————

I

La modestie sied, dit-on, au vrai mérite; — quel dommage qu'elle l'accom-
pagne si rarement!

2

Il est ridicule et nuisible de montrer une trop bonne opinion de soi, mais l'excès contraire est peut-être plus fâcheux encore : la timidité est une paralysie morale.

« Il y a autant de vices, a dit Montesquieu, qui viennent de ce qu'on ne s'estime pas assez, que de ce que l'on s'estime trop*. »

3

L'orgueil est le petit côté de la plupart des grands esprits — mais non des plus grands : la simplicité d'un Pasteur — sa « noble candeur » suivant la belle expression de M. Anatole France** — fait

* *Pensées,* éd. de Bâle, 1799, VII, p. 276.
** *Les Lettres et les Arts,* mai 1886, p. 218.

un peu honte à l'immense infatuation d'un Victor Hugo, si excusable que soit celle-ci.

4

La fausse modestie est la forme la plus déplaisante de l'orgueil.

5

Faites tout ce qui dépend de vous pour avoir le droit d'être fier de vos enfants; cela vaudra mieux que d'être entiché de vos aïeux — si vous en avez.

6

Traduction d'une inscription latine gravée sur la muraille d'un vieux château, en Syrie :

Tu peux avoir richesse et science et beauté,
Mais que l'orgueil s'y joigne et tout sera gâté*.

        Sit tibi copia,
        Sit sapientia,
        Formaque detur,
        Inquinat omnia
        Sola superbia
        Si comitetur.

* *Les Lettres et les Arts,* janvier 1887, p. 87.

La Politique — La Loi

XI

LA POLITIQUE — LA LOI

I

Vous dites : « Je ne m'occupe pas de la politique. » — Vous avez tort, car, pendant ce temps-là, la politique s'occupe de vous. C'est comme si vous disiez : Je me désintéresse de mes intérêts.

9

2

La responsabilité est la conséquence et la condition nécessaire de toute liberté; sans liberté, pas de responsabilité.

3

On a remplacé, de nos jours, la Providence-Dieu par la Providence-État, qui coûte plus cher et donne moins.

4

A tout droit correspond un devoir; à tout devoir un droit. — On ne l'ignore peut-être pas, mais on l'oublie.

La *Déclaration des Devoirs de l'homme* ferait un utile pendant à la *Déclaration des Droits*.

5

En général, les révolutions politiques ne détruisent pas les abus, elles les déplacent.

6

Pour les peuples comme pour les particuliers, l'apprentissage de la liberté est le plus laborieux de tous. En France, un siècle après la Révolution, nous ne sommes pas encore parvenus à acclimater chez nous les mœurs de la liberté.

7

Chacun réclame sa petite liberté particulière : les *chauffeurs,* par exemple, s'étonnent de n'avoir pas plus complètement celle d'écraser les piétons.

8

Il est trop facile d'avoir « le courage de son opinion » quand c'est l'opinion de la majorité.

9

On a dit des monarchies de l'Orient que c'étaient des gouvernements despotiques *tempérés* par l'assassinat. Mais dans les pays où c'est la multitude qui détient la souveraineté, par quoi et comment peut-elle être, elle aussi, *tempérée*? Comment l'empêcher de tomber du côté où elle penche et de périr par l'excès de son principe?

Il faut donc que, par un effort de sagesse, la formidable puissance du nombre se limite elle-même : c'est le grand et difficile problème des démocraties.

10

La franchise a fourni plus d'une fois aux plus retors le meilleur moyen de duper leurs partenaires.

Le comble de la diplomatie, a dit Bismarck, c'est d'annoncer ce que l'on va faire.

11

Il y a une maxime de Montesquieu qui devrait être gravée en lettres d'or au seuil de toutes les assemblées législatives :

« *Il ne faut point faire par les lois ce qu'on peut faire par les mœurs** . » *

12

Le respect dû à la loi, malgré tant de

* *Pensées,* éd. de Bâle, 1799, VII, p. 269.

mauvaises lois, n'est possible que parce
que le recours est toujours ouvert du législateur mal informé ou mal inspiré au
législateur bien inspiré et bien informé.

13

Le législateur me dit : « Nul n'est censé
ignorer la loi. »

Je lui réponds : « Calme donc ta fréné-
sie légiférante ! »

Et puis, il faudrait au moins qu'il n'y
eût dans les lois ni obscurités ni contra-
dictions.

14

Oh ! les fanatiques de toutes couleurs ! souvent grotesques, toujours redou-
tables.

15

En songeant aux passions, aux excès qui abrègent la vie humaine, on a pu dire, sans trop de paradoxe : *L'homme ne meurt pas, il se tue.*

Cela est également vrai en politique. Dans la plupart des cas, *le Gouvernement qui existe* aurait, par cela seul, bien des chances de durer, s'il ne s'acharnait pas à sa propre ruine en commettant ou en laissant commettre toutes sortes d'abus.

16

On a écrit déjà bien des fois l' « Histoire de la Civilisation », comme si le monde n'était pas encore en pleine barbarie. La vraie civilisation ne commencera que lorsque la guerre finira et que sera inauguré parmi les nations le règne de la justice et du droit.

... Une lueur, une faible lueur semble se dessiner de ce côté de l'horizon : aurore d'une ère nouvelle ou simple mirage?... Qui sait ? *Speremus et laboremus.*

17

République... Monarchie... Deux pavillons de couleurs différentes qui, souvent, couvrent la même marchandise.

18

La pierre de touche en matière politique, économique ou sociale, c'est la liberté.

Richesse et Pauvreté

XII

RICHESSE ET PAUVRETÉ

1

On peut trouver beaucoup de moyens
pour qu'il n'y ait plus de riches, pas un
pour qu'il n'y ait plus de pauvres.

2

Il y a des pauvres qui ont beaucoup de
philosophie : ceux-là sont presque riches.

3

Abolir la misère, c'est le rêve de l'avenir; la combattre et la diminuer un peu chaque jour, c'est la tâche du présent.

4

On a dit fort justement du protectionnisme : c'est *le socialisme des riches,* et du socialisme : C'est *le protectionnisme des pauvres.*

Cette double définition, qui est en même temps une double condamnation, résume ce qu'il y a de plus important dans la science économique.

5

Le riche se flatte de posséder la richesse et, généralement, c'est la richesse qui le possède.

6

Quand vous avez fait une mauvaise affaire, ne perdez pas votre temps à déplorer la perte qui en résulte : ce serait l'aggraver. Hâtez-vous, au contraire, de profiter de l'expérience chèrement acquise qui doit vous aider à réparer le dommage.

7

On ne donne jamais satisfaction, d'une manière réelle et durable, à un intérêt, si l'on sacrifie du même coup l'intérêt opposé.

8

En général, rien de si cher que le *bon marché*, si ce n'est le *gratuit*.

9

Les grasses matinées font les journées maigres.

10

Prenez garde que la Fortune, venue à petits pas, ne s'en retourne au galop, contrairement à la Maladie, qui accourt au galop et ne s'en va qu'à petits pas.

11

Il faut cinq minutes pour s'engager dans une mauvaise affaire et, souvent, des années pour en sortir.

La Mort

XIII

LA MORT

1

Ne jamais penser à la mort, c'est folie;
c'est folie d'y penser toujours : pensons-y
dans la mesure où cela est utile à la vie.

2

Ce n'est rien d'être mort, c'est le tout
de mourir.

3

La mort est le moins compliqué de nos déménagements ; c'est néanmoins celui qu'il est nécessaire de préparer le plus longtemps d'avance, parce que nous ne pouvons pas en choisir le moment.

4

Pleurer les morts est un contre-sens : c'est pour les vivants, ô mes frères, qu'il faut réserver vos larmes.

Montesquieu fait écrire par Usbeck : « Il faut pleurer les hommes à leur naissance et non pas à leur mort. »

L'au-delà

XIV

L'AU-DELA

I

On n'est jamais, en réalité, aussi scep-
tique qu'on se le figure. Tout au moins,
le scepticisme n'est pas permanent; il a
des intermittences. La foi, il est vrai, en
a aussi; ainsi s'accuse, en sens opposé, la
faiblesse de l'esprit humain.

2

Un homme éminemment religieux, Guizot, a dit : « Il est évident, aujourd'hui, que la morale existe indépendamment des idées religieuses. »

En d'autres termes, — et cette constatation est consolante, — si l'on compte quelques douzaines de religions, il n'y a, au fond, qu'une morale.

3

Une intelligence médiocre a de la peine à discerner le point auquel ses aspirations métaphysiques se trouvent naturellement arrêtées, tandis qu'un esprit supérieur aperçoit assez clairement ses propres limites, au delà desquelles est l'inconnaissable : *Deus absconditus, Deus ignotus.*

4

Prenez un morceau de toile et essayez de le déchirer en tirant de toutes vos forces sur le bord; vous éprouverez une résistance que vous ne pourrez vaincre. Mais faites une petite incision au même endroit et la déchirure suivra presque toute seule.

Il en va de même pour toute croyance : la moindre fissure entraîne la ruine de tout l'édifice.

5

Il n'est pas donné à tout le monde d'avoir *la foi;* il n'est permis à personne de n'être pas de *bonne foi.* Qui donc ne préfère un incroyant à un hypocrite ?

6

Ce qu'il y a de plus admirable dans la création, n'est-ce pas cette transparence absolue de l'Éther qui nous permet d'apercevoir, jusque dans les profondeurs de l'immensité, les astres qui peuplent l'espace, et de reconnaître ainsi que notre pauvre petite boule terrestre est partie intégrante de l'harmonie universelle ?

7

Je comprends mieux la *foi du charbonnier* que toute la prétendue science des théologiens...

Pourquoi ne pas nous résigner simplement à ne rien savoir du Créateur, en dehors de la création ?...

8

Gardez-vous de croire à l'Enfer, mais agissez comme si vous y croyiez.

9

Il est étrange que nous nous épuisions, pendant cette vie, à chercher, sans résultat, la solution de ces grands problèmes dont le secret nous sera révélé dans l'instant qui suivra notre mort, si, comme il faut l'espérer, il doit enfin nous être révélé.

10

Ce n'est pas la montagne qui me fait croire à Dieu, c'est le brin d'herbe.

Divers

XV

DIVERS

1

Il y a certaines religions, certains cultes, qui ont des fidèles, sans avoir de croyants.

2

Le grand art de la conversation — et le plus rare : savoir écouter.

3

Dans toutes les religions — et même ailleurs — ce qui fait le plus de tort à la grande Église, ce sont les petites chapelles.

4

On ne vient pas à bout des superstitions par la violence : pour faire triompher la raison, n'employez pas d'autre arme que la raison.

5

Quand le soleil vient après la pluie, le champ ne garde rien de l'eau qu'il a reçue, mais il en a profité. Il en est de même de notre esprit après la lecture d'un bon ouvrage, alors même que nous en avons oublié le contenu.

6

Duclos a dit justement * : « Il faut plus d'efforts pour se détromper de l'erreur que pour s'en préserver. » De même, il est à la fois plus facile et plus avantageux de se préserver de la maladie — morale ou physique — que de s'en guérir.

7

« Malchance » est le nom que nous donnons volontiers aux conséquences de nos erreurs et de nos fautes.

En revanche, le public — d'accord avec nos « bons amis » — ne manquera pas d'appeler « veine » ce que nous pouvons devoir à notre labeur intelligent.

* *Considérations sur les mœurs,* chap. II.

8

Monsieur de La Palice — qui n'est pas mort, qui ne mourra jamais — est certainement le personnage qu'on entend le plus souvent dans la conversation courante — et c'est aussi le seul qui ait toujours raison.

9

Le bavard : un convive imbécile qui noie dans l'eau indistinctement tous les vins qu'on lui sert, le Chambertin comme l'Argenteuil.

10

L'homme distrait n'est pas, malgré l'apparence, un homme inattentif, au contraire ; seulement son attention est toujours tournée *d'un autre côté.*

11

Un homme sans mémoire est aussi à plaindre que celui dont la bourse serait trouée.

12

On dit : les « belles-lettres », les « beaux-arts ». Et, en effet, les Lettres et les Arts ne devraient pas avoir d'autre objectif que le Beau.

13

Pour celui qui va au fond des choses, les pensées les plus douces ont presque toujours leur amertume, les plus amères ont quelquefois leur douceur.

TABLE

TABLE

TABLE 102

Achevé d'imprimer

le vingt-huit novembre mil neuf cent deux

PAR

ALPHONSE LEMERRE

6, RUE DES BERGERS, 6

A PARIS

o. — 1861